CW00796583

A New Key

for

The Beginner's Latin Book

EDGAR SOAMES

CONTENTS

PREFACE

This key covers all the English into Latin excercises of *The Beginner's Latin Book* except those that simply provide practice for the Paradigrams and consist entirely of one-word answers.

The exercises are referenced by page number, paragraph, and section. Thus "57 **115** II" refers to the exercise on page 57, paragraph 115, section two.

Alternative words and sentences are placed in brackets. When several possibilities are intrinsic to the exercise, the alternative answers are separated by commas.

Serveral notes have been added to the end of the book in order to further clarify certain points of grammar.

KEY

10 **27** I

1. Viae sunt latae. 2. Viae sunt longae. 3. Reginae columbas habent. 4. Puella rosam habet. 5. Aquilae caudas habent. 6. Columba est alba. 7. Puella tubam habet. 8. Aquila est magna. 9. Rosa est alba. 10. Puellae sunt parvae.

10 **27** II

1. Via longa est dura. 2. Puellae bonae rosas habent. 3. Columbae caudas parvas habent. 4. Magnae aquilae caudas latas habent. 5. Regina bona columbam habet. 6. Puellae parvae magnas tubas habent. 7. Columba parva est alba. 8. Regina bona filiam parvam habet. 10. Puella parva rosam albam habet.

11 **30** II

1. Reginae filia. 2. Reginarum filiae. 3. Puellae rosae. 4. Columbae alarum. 5. Corneliae filiae. 6. Britanniae. 7. Aquilis. 8. Viarum longarum. 9. Puellis parvis. 10. Tubae parvae.

12 **35** I

1. Est prima hora. 2. Est luna plena. 3. Luna est plena. 4. Columba est parva. 5. Aquilae cauda est lata. 6. Puella reginae rosam dat. 7. Reginae rosae sunt albae. 8. Puellae parvae rosa parva est. (Puella parva rosam parvam habet). 9. Longa est hora prima. 9. Galba puellis rosas dat.

12 **35** II

1. Reginae filia rosam albam habet. 2. Britanniae Regina puellae magnam rosam dat. 3.
Secunda hora lunae est plenae. 4. Corneliae filiae sunt puellae parvae. 5. Corneliae filiae sunt bonae et parvae puellae. 6. Columbae parvae cauda est longa. 7. Aquilarum alae sunt longae et latae. 8. Aquilae alas longas et latas habent. 9. Columba parva caudam albam habet. (Columbae parvae cauda alba est). 10. Multis columbis caudae albae sunt. (Multae columbae caudas albas habent).

15 **48** II

1. Servus poculum habet. 2. Servi pocula habent. 3. Discipulo vinum et ova sunt. 4. Dominus cibum bonum habet. 5. Dona sunt pila longa. 6. Dominus et servus sunt amici boni. 7. Equi parvi sunt defessi. 8. Discipulus novus

magnum poculum habet. 9. Equum secundum laudant. 10. Dominum bonum laudat. 11. Amicos bonos habent. 12. Servus pocula et vinum portat.

16 **50** II

1. Donum amico bono gratum est. 2. Servo est poculum domini. (Servus domini poculum habet). 3. Servis sunt dominorum pocula. (Servi dominorum pocula habent). 4. Dominus servo ovum durum dat. 5. Domini cibus est et vinum et ova. 6. Magister discipuli parvi poculum laudat. 7. Equi defessi amico dona portant. 8. Puella multos amicos et novos habent. 9. Poculum latum discipulo novo est gratum. 10. Aquilae ovae sunt dona servi boni.

19 **57** I

1. Poeta agricolae vinum amat. 2. Agricolae magnos carros et equos validos habent. Agricolis sunt magni carri et equi validi. 3. Nautae periti magnum ventum amant. 4. Multae sunt in horto rosae. 5. Poeta et filia in carro sunt. 6. Equus agricolae frumentum portat. 7. In puellae parvae poculo est vinum. 8. Sunt multae puellae et parvae in viis. 9. Galba equis pabulum portat. 10. Columbae parvae cibus est frumentum.

19 **57** II

1. Bone amice, domini poculum est plenum. 2. Servus reginae magnum poculum dat. 3. Nautae validi in bracchiis pila portant. 4. In carro valido est pabulum bonum equis agricolae. 5. Amici multi in poetae hortis sunt. 6. Agricolis equi, carri, columbae, ova, vinum sunt.

21 **64** II

1. Virorum generi sunt agricolae. 2. Boni (viri) ab amicis laudantur. 3. Puer a nautis asperis amatur. 4. Puer sextus est novus. 5. Liberi defessi sunt in agricolae carro. 6. Columba tenera a puella parva amatur. 7. Servi miseri a dominis asperis non laudantur. 8. Vir validus est in poetae horto. 9. Viri a discipulis laudantur. 10. Filiam nautae miseri amant.

23 **69** II

1. Soceri sunt fabri. 2. Magistri a discipulis amantur. 3. Viri gener est minister. 4. Cultri puero parvo sunt grati. 5. Pocula pulchra a pueris puellisque amantur. 6. Puella viro pulchram rosam dat. 7. Nautis sunt multi et longi cultri. 8. Magistri liberi in bracchiis libros portant. 9. Fabri gener liberos habet. 10. Est aper asper in agricolae agro.

28 **76** II

1. Agricola carrum habuit. 2. Amicus viri ero. 3. Est oppidum magnum in insula. 4. Erat in mensa ovum rubrum. 5. Pueri virorum cibum portabant. 6. Puer fabro pila dedit. 7. In oppido sunt incolarum inimici. 8. Agricolae validi verba laudabant. 9. Poetae dona Minervae erunt grata. 10. O pueri este validi et periti.

28 **77** II

1. Puella nautae aegro vinum aquamque dedit. 2. Vinum pulchro in poculo portabat. 3. Et puellae pocula pulchra et vinum rubrum laudabat. 4. Puella et nauta Britanniae erant

incolae. 5. Britannia est magna insula et oppida pulchra habet.

30 **83** II

1. Adfuerant in Graecorum oppida. 2. Graeciae monumenta erant templa et statuae. 3. Minervae statuae fuerunt scutum et hasta. 4. Graecorum arma erant scuta et hastae. 5. In Graecia deis (*vide* **262**) erant multae statuae. 6. Reginae rosae rubrae erunt gratae. 7. Viri liberi sunt in via. 8. In agricolae equo fuit. 9. Liberi in poetae bracchiis portantur. 10. Britanniae multi incolae fuerunt nautae periti.

36 **92** II

1. Canta puer bone. 2. Multae deae a Graecis amabantur. 3. Puer columbas fugabit. 4. Columbae a puero fugabuntur. 5. Et amicos et inimicos invitabimus. 6. Et amici et inimici invitabuntur. 7. Romani a Graecis non amabantur. 8. Tuba aurea invitaberis. (Tuba aurea invitabimini). 9. Servi pilis armabuntur. 10. Equus niger hasta vulneratus est.

37 **93** II

1. Dum vir laborabat cantabat puer. 2. Dum somno dominus recreatur servus vigilat. 3. Somnus gratus puerum defessum recreat. 4. Puer somno grato recreabitur. 5. Murus altus ab oppidanis aedificatur. 6. Romanus clarus nominabatur Italiae gladius. 7. Romanum clarum nominabant Italiae gladium. 8. Agricola defessus cibo et somno recreatur. 9. In oppidi viis ambulabimus dum

laborabunt in agris agricolae. 10. Canta O poeta caece dum laboramus.

40 **101** II

1. Aquila pugnae fortunam mutavit. 2. Pugnam in fluvio lato spectabimus. 3. Multi viri et boni ab inimicis erunt vituperati. 4. Pueri magistro recitaverint. 5. In Italia aratris ferreis terra est arata. 6. Magister pensis duris discipulos liberavit. 7. Minerva dea a multis poetis laudata est. 8. Victoriae clarorum a poetis cantae sunt. 9. Tyrannus magnum numerum servorum gladiis armavit.

42 **109** II

1. Rex belli fortunam mutavit. 2. Belli fortuna a rege est mutata. 3. Milites regem liberabunt. 4. Rex a militibus liberabitur. 5. Rex scutis hastisque armaverat milites. 6. Daedalus filio alas aptavit. 7. Filo a Daedalo aptae sunt alae. 8. Homeri poemata recitabimus. 9. Puella militi defesso cantat et laudatur.

48 **116** II

1. Tyrannus retinetur. 2. Aqua in fluvio aucta est. 3. Dux statuam habebit. 4. Comes fidus amicum monet. 5. Amicus a comite fido monetur. 6. Servi pigri dominum durum timent. 7. Dominus durus a servis pigris timetur. 8. Terra clarorum poetarum est Italia. 9. Milites a periculis non terrebuntur. 10. Puer magistri verba memoria tenebat.

48 **117** II

1. Antiquis in civitatibus erant servi multi. 2. Cur multos servos habebant antiqui Romani? 3. In via magnum numerum Equitium vidimus et terrebamur. 4. Pueri Romani a servis Graecis saepe sunt docti. 5. Graeci servi Pueros Romanos saepe docuerunt. 6. Equites a regis filo exerciti sunt. 7. Multi equi equitesque in oppido videntur. 8. Dux victoriam magnam merebit.

51 **123** II

1. Oppidum a duce est obsessum. 2. Cur dux oppidum obsedit? 3. Rex cum scriba sedet. 4. Ira virorum animi moti sunt. 5. Regulus retinebatur captivus. 6. Regulus victoriam magnam meruit. 7. Luna nova est visa. 8. Ducis filia erat captiva. 9. Flevimus quia (quod) captivi eramus. 10. A Pyrrho obsessum erat oppidum.

51 **124** II

1. Rex militibus defessis alimentum praebuit. 2. Elephanti Romanorum equos (equos romanos) terruerant. 3. Auxistine numerum amicorum? 4. Caesaris milites in oppido sunt obsessi. (obsidebantur). 5. Tyranni gladius iudicem retinuit. 6. Bellum multa virorum magnorum monumenta delevit. 7. Castra ab oppidum erant mota. 8. Si liberi nostri in servitute retinentur, flemus. 9. Nonne in Italia manebis (manebitis)?

53 **127** II

1. Greges in agris videbimus. 2. Rex ab elephanto non

territus est. 3. Equi ab elephantis terrentur. 4. Oppidani in muro sidebant. 5. Captivi a militibus gladiis sunt vulnerati. 6. Mi puer, quid spectat? 7. Nonne equitum gladios vides (videtis)? 8. Tenesne memoria poetae romani poemata? 9. Filii regis fortunam vituperabant. 10. Cur oppidani gladiis armabantur (armati sunt)?

54 **131** II

1. Aegrum virum aqua privaverunt. 2. Civitas tyranno a Bruto liberata est. 3. Itali docti sunt a Saturno. 4. Dux statuis oppidum ornavit. 5 Equites gladiis et equis (gladiis equisque) carent. 6. A duce Romano Corinthus multis statuis est privata. 7. Dea templo Romanos arcebit. 8. Oppidum ducis concilia delitum est. 9. Nonne templo Romani arcebantur? 10. Principes ex oppido exturbaverunt. 11. Principes ex oppido exturbantur.

57 **137** II

1. Europa leones non habet. 2. Servus leonum magnum habebat. 3. Nomen servi erat Androclus. 4. In Africa sunt multi leones. 5. Fratrum amicus leonem vidit. 6. A patre et fratre leo visus est. 7. Militum clamores viros in oppido terrebant. 8. Defensores oppidi a virorum clamoribus territi sunt. 9. Cur belli tempore multi sunt miseri? 10. Nonne solis luce vidimus? 11. Prima luce Hannibalis equites viderunt.

60 **143** II

1. Minervae statua visa est. 2. Minervae statua saepe erat laudata. 3. Graecorum opera erant Romanis grata.

4. Voluptates nostrae sunt auctae labore et studio. 5. Quae in Graecis templis videbantur? 6. Antiquis temporibus deorum (deum) et dearum statuas videbant. 7. Antiquis temporibus deorum (deum) et dearum statuae videbantur.

61 **146** II

1. Leonem magno timore spectant. 2. Si cum ira puerum vituperat, poenam meret. 3. Daedulus cum cura alas aptaverat Icaro. 4. Iudicis boni verba memoria cum gaudio tenent. 5. Iudicis boni verba memoria cum cura tenebuntur. 6. Quam multa Romanorum opera non delevit tempus.

65 **159** II

1. Erant in turre multi (viri). 2. Navium turres erant altae. 3. Alta a turre mare latum vidimus. 4. Mare latum a viris alta in turre est visum. 5. Equitum fuga a militibus fortibus visa est. 6. Latrones virum fortem timent. 7. Vir fortis a latronibus timetur. 8. Regi turrem in litore aedificaverunt. 8. Numa rex romanus mensium numerum mutavit. 9. A Numa rege romano mensium numerus mutatus est.

66 **160** II

1. Polyphemus Neptuni filius ingens corpus habebat. 2. Cyrus Persarum rex primus omnia militum nomina memoria tenebat. 3. A Cyro Persarum rege omnia militum nomina memoria tenebantur. 4 Quot naves Gallorum submotae sunt? 5. Numerus ignium in oppido erat magnus.

70 **170** II

1. Sunt montes in Europa. 2. Sunt in montium lateribus altae arbores. 3. Amnes multi (flumina multa) parvos habent fontes. 4. Partes Alpium pulchrae sunt. 5. Alpes et valles profundas et rupes altas habent. 6. Ferae in Alpium lateribus videntur. 7. Ibi pastores et oves videbis. 8. Pericula non timent fortes milites. 9. Patres adulescentium sunt milites. 10. Militem fortem honoramus.

71 **171** II

1. Homines altis in vallibus montium habitant. 2. Aestate in montibus habent greges. 3. Cur aquilam avium regem nominant? (Cur dicunt aquilam avium regem esse?) 4. Nonne venatores acri aquilam longe vident? 5. Hostium naves mare altum arant. 6. Magno terrore latrones naves viderunt. 7. Solon multarum et bonarum legium autor fuit. (Solon multas et bonas leges fecit.) 8. Civitatibus in veteribus erant et liberi viri et servi. 9. Solonis sapientis honorata est memoria.

72 **170**

P. Dic mihi, si placet, de Solone.
F. Solon erat Atheniensis sapiens, eius leges clarae erant et memoria semper honorabitur. Amicus pauperum erat. Multas terras vidit et multos viros. Pisistratum tyrannum non timuit.
P. Fiutne Miltiades quoque Atheniensis?
F. Certe, Persas Marathonio proelio vixit. Dux erat et fortis et peritus. Fortem filium habuit (Ei filius fortis erat.)

73 **177** II

1. Tela acra milites habent. 2. Equum velocem habeo. 3. Viros fortes laudamus. 4. Amasne cibum suavem? 5. Non dura sunt pensa. 6. Imperatoris concilia sunt prudentia. 7. Brevis est vita. 8. Sunt aquilae veloces inter (apud) montes. 9. Rex nautas audaces habet. 10. Aquilae velocis alae sunt longae.

78 **184** II

1. Imperator epistulam scribit. 2. Epistulae ab imperator scribuntur. 3. Milites in Italiam ducebat Hannibal. 4. Cives a ducibus defenduntur. 5. Caesar omnes inimicos superavit. (omnes hostes vicit.) 6. Roma a civibus defendetur. 7. Age (agete) oves in agros! 8. Sunt in urbe latrones multi. 9. Vallis lata est prope oppidum. 10. Discende de turre.

78 **185** II

1. Fratres regi in Graeciam milites mittunt. 2. Filium mei fratris (nepotem) in Africam mittam. 3. In Siciliam mitteris (mittemini). 4. Mitte (mittite) viros trans flumen. 5. Magna forte defensa est (defendebatur) urbs ab omnibus civibus. 6. Pyrrhus multos trans mare duxit in Italiam. 7. Multa animalia hieme sunt superata fame. 8. Agricolae ovibus pabulum emunt. 9. Validi in flumen equos albos agebant. 10. Bonus pastor ducit oves.

82 **192** II

1. Amisistine tuos libros? 2. Frater meus parvae in nave vehetur. 3. Habitantne in arboribus homines? 4. Neptunus

mare altum rexit.   5. Flumen e monte effluit.   6. Puellae
(virginis) caput floribus est cinctum.   7. Bellum in Italia est
gestum.   8. Piger puer saepe contemnitur.   9. Romani
veteres bellum non contempserunt.   10. Rex muribus
urbem cinxerat.   11. Nonne Pyrrhus Epiri rex in Italia
bellum gessit?

82 **193** II

1. A Caesare auro classis magna empta est.   2. Imperatoris
filia in carro erat vecta.   3. Imperator contra hostes bellum
gesserat.   4. Omnia hostium bona amissa sunt.   5. Multi agri
cultura vivunt.   6. Ab Italia in Siciliam discessimus. 7. Frater
meus e patria discessit.   8. Amiseruntne libros?   9. Nonne
viri tyrannos semper contempserunt?   (Nonne viri tyrannos
iam contemnunt?)   10. Pueri in equis magna gratia
vehebantur.   11. Agricolae carrus ab equis validis trahatur.
12. Libri mei sunt amissi.

85 **196** II

1. Cives sunt civitatis defensores. 2. Matres romanae civitati
viros validos praebuerunt. 3. Scribisne epistulas (ad fratres)
fratribus?   4. E fontibus in montibus flumina fluunt.   5.
Urbs statuis ex auro ornabitur. 6. In Graecia non multas et
pulchras urbes vidimus.   7. Urbs defenditur a custodibus
vigilibus.   8. Murus altus agricolae agrum cingit. 9. Prope
Caesaris castra manebimus.   10. Liberos nostros docemus
fabulis.

85 **197** II

1. Quis consules Romanos vicerunt?   2. Consul oppidum in

Hispania obsidebat. 3. Nos omnes lunae lucum gratam vidimus. 4. Tristes virgines prope flumen altum sedebant. 5. Virgines, quia flores amiserant, flebant. 6. Apri in mare praecipites descendunt. 7. Milites in vias nostras non saepe videntur. 8. Roma urbs antiqua a regibus regebatur. 9. Pastoris filius flebit si ovem amiserit. 10. Magister Homeri poemata discipulos docebat.

87 **202** II

1. Agricola solus agrum arabat. 2. ab altero laudatur, vituperatur ab altero. 3. Utri magister laudem dat? 4. Alii pueros, puellas alii amant. 5. Mors a nullo bono timetur. 6. Consul alios hostes superavit ab aliis superatus est. 7. Aliud crus longum aliud breve est. 8. Alii alia laudant. 9. Totius concilium belli est enuntiatum hostibus. 10. Ciceronem solum laudaverunt cives.

91 **213** II

1. Flumen rivo longius est. 2. Maria fluminibus altiora sunt. 3. Magnorum fontes fluminum non semper sunt altis in montibus. 4. Elephanti equis onera graviora ferunt. 5. Equus et canis sunt fidissimi. 6. Canis tuus quam meus est melior. 7. Paucae (non multae) urbes quam Roma pulchriores sunt. 8. Audacior est elephantus equo. 9. Pensum tuum est facilius quam meum (sed) meum non est difficillimum. 10. Fortissimi non semper sunt sapientissimi.

94 **220** II

1. Clarusne erat Atheniensis Socrates? 2. Clariorne ille erat quam alii cives? 3. Nonne omnibus rebus se iustissime

agebat? 4. Parebatne Atheniensium legibus fidelissime? 5. Nonne Athenienses sapientissime docebat? 6. Nonne in proelio iuvenem fortissime defendit? 7. Cur turpissime accusatus ad mortem damnatus est? (Cur turpissime accusatus capitis damnatus est?) 8. Eius memoriam diligentius colemus. 9. Ab optimis memoria eius fideliter coletur. 10. Frustra meliores quam Socratem quaeremus.

95 **220** III

1. Iulius Caesar erat vir clarissimus. 2. A matre sua egregie est educatus. 3. Graecam linguam optime didiscit. 4. Erat dux egregius et multa proelia felicissime pugnavit. 5. Oppida in Gallia cepit et multos crudeliter interfecit. 6. Audacter multis navibus ad Britanniam navigavit. 7. Incolae autem non turpiter pacem petiverunt. 8. Omnes hostes suos acriter vicit. 9. Consul civitatem Romanam et sapienter regebat et bene. 10. Turpiter a Bruto aliisque Romanis interfectus est.

100 **227** II

1. Pater bonus liberos nutriet, vestiet, erudiet. 2. Lusciniae vocem dulcem audire gratissimum est. 3. Omnes dolores a morte sunt finiti. 4. Imperator militem ignavum iuste punit. 5. Oves cum cura a cane custodiuntur. 6. Scipio bellum in Africa finivit. (Scipio belli in Africa finem fecit). 7. Discipuli a praeceptoribus fidelissime erudiuntur. 8. Mi fili, moli matris curas. 9. Urbs muris validis munitur. 10. Aestate arbores cum follibus vestiuntur.

1. Medicus regis a fabricii servo vinctus est.   2. Militum virtus fortitudoque urbem muniverunt.   3. Graeci artibus Romanos erudiverunt.   4. Satisne est puero duas horas dormire? 5. Solis lux et calor flores aperuerant. 6. Arx a militibus diligentissime custodiebatur. 7. Utilissimum est multa scire. 8. Non est turpe multa nescire. 9 Imperatoris castra non erant munita. 10. Nonne patris vocem audisti?

1. Iniuria in Romanos a Tarentinis facta est.   2. Contra Pyrrhum, Epiri Regem, Romani Laevinum consulem miserunt. 3. Pyrrhi exploratores a Laevino sunt capti et per castra ducti sunt. 4. Romani cum Pyrro rege pacem non fecerunt. 5. Fabricius concilia regis perspexit neque terruit. 6. Hodie amicum tuum excipies. 7. Amicum libentissime excipio. 8. Hostes pila iecerunt et in silvas fugerunt. 9. Nonne Caesar omnes hostes suos aut superavit aut interfecit? 10. Denique ipse a Bruto aliisque interfectus est.

1. Hostes sunt victi adventu Caesaris. 2. Animalia multa cornibus pugnant. 3. Lacus multi in Alpibus visi sunt. 4. Veteres arborem Iovis quercum honorabant.   5. Inter quercus audiuntur avium carmina. 6. Temporibus antiquis sagittis arcubusque pugnabant. 7. Ciceronis consultatus erat amplissimus. 8. Caesar exercitu magno in Italiam venit. 9. Exercitus adventus cives metu liberavit. 10. E schola ad domicilium multos passus facimus.

113 **257** II

1. Deus ominum rerum est creator. 2. Res Publica civibus omnibus et bonis est cara. 3. Omnibus in rebus humanorum incerta sunt multa. 4.Exercitus magna in planitie instructus est. 5. Hostes in aciem Romanam processerunt. 6. Imperator de eorum fide milites laudavit. 7. Erant milites in acie multi. 8. Magnae victoriae spes habebant. 9. Diebus paucis ordo rerum mutabitur. 10. Consul fidem Rei Publicae dedit.

118 **267** II

1. Mater tua tibi, mihi mea est cara. 2. Concilia vestri omnia sunt nobis nota. 3. Puer nimium se amat. 4. Onus a me, a vobis, a nobis, a te portabitur. 5. Aut tecum aut sine te pariter beati erimus. 6. Te neque canem tuum amo. 7. Ut desiderabo te, mi amice. 8. Nos pauperes summus vos divites estis. 9. Nostra vita est brevissima. 10. Puer secum poculum ligneum portat.

121 **272** II

1. Sallustus auctor elegans est. Legistine scripta eius? 2. Non ea sed Ciceronis legi. 3. Fortuna nunc tibi, nunc eis favit. 4. Amicus tuus ipse te reprendet. 5. Hominum animi non semper sunt iidem. 6. Vobiscum in nave eadem vehebamur. 7. Mihi librum ipse dedit. 8. Magister praemia eadem pueris praebuit. 9. Premia eadem a magistro ipso praebita sunt.

F. Portemus nobiscum duas corbulas.
S. Ecce. Eas iam teneo.
F. Sol ardes, frigidus est ventus.
S. O ut me delectant et arbores et flores.
F. Domi manere admodum est molestum.
S. Ista sunt neque iam in animo mihi est.
F. Ecce fraga. Nunc corbulas complebimus. Nonne est suavissimum?

124 **276** II

1. Illi montes sunt altissimi. 2. Semper amici istius memor ero. 3. Hoc tibi nocebit. 4. Demosthenes et Cicero erant oratores clarissimi, ille Graecus hic Romanus fuit. 5. Cives illius urbis sunt miserissimi. 6. Aer his in montibus quam illis in vallibus est tenuior. 7. Mihi hanc avem pulchram dedit. 8. Illius agricolae veteris vinum est bonum. 9. Istum librum legi. 10. Iste liber a me, a te, a vobis, a nobis ipsis lectus est.

125 **277** II

1. Hannibal eis verbis militum virtutem auxit. 2. Milites Romanos illos iterum vixistis. 3. Dii et virtus ista victoriam nobis dederunt. 4. Haec Italia pulchra mox erit nostra. 5. Roma ipsa illa urbs superba capietur (expugnabitur). 6. Arma ista Romanorum sanguine optime maculabuntur. 7. Legiones illae sunt victae. 8. Transcende mecum illas montes. 9. Illi Romanorum inimici atroces Samnites nos excipient. 10. Romam virtutis praemium erit. Procedite.

128 **284** II

1. Quid in manu habes? 2. A quo Forum Romanum rostris oratum est? 3. Imperator quem laudas vidimus. 4. Is dives est qui est contentus. 5. Is laudabitur cuius virtus patriam servaverit. 6. Eos amamus quorum nobis mores grati sunt (placent). 7. Puer in manu aliquid habet. 8. Labores quidam nobis sunt grati. 9. Nos summus iidem hodie qui heri eramus. 10. Quae res ex Africa ad nos adlata sunt (adferuntur)?

129 **285** II

1. Omnia animalia quae corda habent sanguinem habent (Omnia quae corda habent animalia sanguinem habent). 2. Cras nos iidem erimus qui summus hodie. 3. Estne ullum animal sapientius elephanto? 4. In manu quaque habemus quinque digitos. 5. Spem habent ii qui non habent aliud. 6. Multi domus aedificant quas numquam habitabunt. 7. Luna lucem quam e sole accepit in terram mittit (Luna quam e sole accepit lucem in terram mittit). 8. Cornelia filios duos quorum quisque est necatus habuit. 9. Hector cuius virtute multi Graeci necati sunt ipse necatus est. 10. Nonne amicus quidam me hoc onere liberabit?

131 **287** II

1. Illa est eadem quae semper fuit. 2. Cras eadem dicet quae hodie dicit. 3. Pueri quidam in schola cachinnaverunt. 4. Amicus iste est sapientissimus. 5. Illae arbores sunt frondosae. 6. Hic a civibus laudatur ille vituperatur. 7. Imperator ipse milites fortes duxit. 8. Milites ab forte imperatore ipso ducti sunt. 9. Periculum ipsum fortibus est gratum. 10. Qui amicis suis sunt fidelissimi ii nobis sunt carissimi.

131 **288** II

1. Aliquis hoc fecit. 2. Heri nobis fabula a aliquo lecta est. 3. Servus se dominumque suum necavit. 4. Amicus mecum in Galliam migrabit. 5. Urbis incolae hostium adventu territi sunt. 6. Alii sitem alii famem facile tolerant. 7. Huius arboris fructus mihi grati sunt, dulces enim sunt. 8. Hae arbores quam illae altiores sunt. 9. Hae turres altae illae humiles sunt. 10. Eae virgines quarum modestia nota est omnibus laudantur.

136 **296** II

1. Cornelia filios suos poterat sapienter exercere. 2. Omnes cives possunt boni esse. 3. Hannibal non poterant urbem capere. 4. In Hannibale magna calliditas inerat et virtus. 5. Hannibal diu a patria sua aberat. 6. Exercitibus in Hispania Italiaque praeerat. 7. Inter multa proelia intererat et Romanis magno terrore fuit. 8. Patriae suae multis rebus proderat. 9. In patria sua autem inimici ei oberant (nocuerunt). 10. Scipio pugna in Africa eum vicit. 11. Multos annos huic cladi supererat. 12. Nomen eius numquam famae deerit.

138 **300** II

1. Quis stellarum pulchritudinem non admiratur? 2. Aliae gentes Cimbros trans Rheum comitatae sunt. 3. Longe lateque per Galliam et Hispaniam vagabantur. 4. Romani Germanorum corpora admirabantur. 5. Animalia quaedam hominum voces imitantur. 6. Eam imaginem pulchram contemplabamur. 7. Imperator militibus magnum praemium est pollicitus. 8. Is est malus qui neminem veretur. 9. Liberi parentes verentur timent dominos servi.

141 **308** II

1. Alexander comitesque in Asiam ingressi sunt. 2. Et sitite et fame passi sunt (patiebantur). 3. Gloriam magnam victoriis suis adeptus est. 4. Magistri verba non oblitus est. 5. Is enim sapientis fuerat discipulus. 6. Milites imperatorem suum sequuntur. 7. Ii qui benificiorum obliviscuntur sunt mali. 8. Omnia pati possumus discere. 9. Quis luce quae nobis a Deo est data non fruitur? 10. Pueri officio suo fideliter functi sunt.

142 **309** II

1. Milites saepe belli fortunam conantur. 2. Duces inter suos hostium bona partiti sunt. 3. Rhodanus non longe a fontibus Rheni oritur. 4. Rhenus qui ex Alpibus oritur in Oceanum fluit. 5. Amici optimi pericula partiuntur. 6. Quis post Alexandrum regno potitus est? 7. Virtute nostra experiemur. 8. Hostium castris sunt potiti. 9. Cui provinciam sortitur Siciliam?

145 **314** II

1. Romulus primus Romae (Romanorum) rex triginta septem annos regebat. 2. Is domus undesexaginta pedes longus et undequinquaginta latus est. 3. Flumen quattuordecim altum et nonaginta duo pedes latum est. 4. Apud Romanos veteres September mensis septimus, apud nos nonus est. 5. Consules Romani imperium per unum annum tenuerunt. 6. Scipio urbis quingentesimo et quinquagesimo anno fuit consul. 7. Quinque et viginti linguae a Mirthridate Rege scitae sunt. 8. Anni primus mensis triginta unum dies habet. 9. Romana legio quinque millia peditum at trecentos equitum habuit.

1. Cur legere quam scribere malis? 2. Per agros tecum ambulare malimus. 3. Quis laudari quam vituperari non malit? 4. Donum tuum accipere nolent. 5. Nolite oblivisci pueri magistri praecepta. 6. Noli oblivisci mi fili pensum quod explicavi. 7. Audiebat quod (quia) discere voluit. 8. Vitium alius noluit reprehendere, corrigere suum maxime voluit. 9. Easdem volumus quas vis. 10. Amici nostri eamdem volent quam volumus.

1. Laborem patienter ferebant. 2. Regem bonum non tulerunt iam ferunt malum. 3. Pensa non differe possumus. 4. Fortunam bonam discemus bene ferre. 5. Patienter ferebant id quod non poterunt mutare. 6. Praedam quam rapuerant abstulerunt latrones. 8. Noli adferre ad me id quod nolo. 9. Morae quae gaudia nostra differunt semper sunt longae. 10. Oppidani omnia secum ex oppido extulerunt.

1. Quod voluisti id factum est. (Factum est quod voluisti) 2. Amici mei, senectute sapientiores fitis. 3. Homines casu numquam boni fiunt. 4. Quis mecum flumen transibit? 5. Imperatores magna copiarum parte montes transierunt. 6. Levia fiunt onera quae patienter feruntur. 7. Amici nostri discesserunt sed redibunt. 8. Populus multos et bonos praeteriit. 9. Urbis incolae cum equis carrisque exierunt. 10. Imperatores in patriam cum captivis praedaque redierunt. 11. Noli transire altissimum flumen.

155. **330** II

1. Hieme dies breviores, nocti longiores fiunt. 2. Multi post proelium frigido fameque perierunt. 3. Cicero ab Romanis consul est factus. 4. Hannibal a Scipionis consilio virtuteque redire in Africam coactus est. 5. Diem nostri ultimum aequo animo obire debemus. 6. Alexander victor ab omnibus pugnis abivit (abiit).

158 **337** II

1. Consul Roma magno exercitu profectus est. 2. Ex urbe rus demigravimus. 3. Tum imperator in Campaniam se recepit. 4. Athenis iam tres annos habito. 5. Tarquinius diu Cumarum manebant. 6 Zamae Scipio Hannibalem vicit. 7. Romam Regulus ex Africa rediit. 8. Postea Roma Carthaginem remissus est. 9. Caesar octo annos in Gallia bellum gerebatur. 10. Cicero Arpini est natus. 11. Consul cum exercitu suo Athenas processit (progressus est). 12. Athena ad Italiam nave vectus est. 13. Mane tu domi ego ad exercitum redibo. 14. Redibisne mox domum?

166 **350** II

1. Non dubito quin adsit, adfuerit, absit, abfuerit. 2. Quis dubitabat quin posset, possent, possemus, posses, possetis? 3. Non dubitant quin praesit, praefuerit. 4. Quis dubitavit quin supersit, supersint? 5. Quis dubitabat quin nocerent, nocuissent? 6. Non dubium est quin possit, possimus, possis, possitis, possint. 7. Non dubium erat quin posset, possem possent.

1. It ut videat et laudet. 2. Eunt ut videant et laudent. 3. Ibimus ut videamus et laudemus. 4. Quis non ibit ut videat et laudet? 5. Ibis ut videas et laudes. 6. Ierunt ut videant et laudant. 7. Iit ut videat et laudat. 8. Iit ut videret et laudaret. 9. Ite ut videatis et laudetis. 10. ibat ut videret et laudaret. 11. Quis dubitat quin viderit et laudaverit? 12. Nemo dubitavit quin vidissent et laudavissent

1. Ei, eis, mihi, nobis imperabunt ut imitetur, imitentur, imiter, imitemur. 2. Ei, eis, mihi, nobis imperaverunt ut imitetur, imitentur,imiter, imitemur. 3. Quis dubitat quin imitati sint, imitatus sim, imitati simus? 4. Ei, eis, mihi, nobis imperaverunt ut imitaretur, imitarentur, imitarer, imitaremur. 5. Nemo dubitabat quin imitatus esset, imitati essent, imitatus sim, imitati simus? 6. Monet ut polliceatur, polliceantur, pollicear, polliceamur. 7. Monuit ut polliceretur, pollicerentur, pollicerer, polliceremur. 8. Non erat dubium quin pollicitus esset, polliciti essent, pollicitus essem, polliciti essemus.

1. Monent ut ducat, ducatur, ducant, ducantur, reperiat, reperiatur, reperiant, reperiantur. 2. Monent ne recipiat, recipiant, recipiatur, recipiantur. 3. Monebunt ne ducat, ducatur, ducant, ducantur, reperiat, reperiatur, reperiant, reperiantur. 4. Monebant ne duceret, ducerent, reperiret, reperirent, reciperet, reciperent, duceretur, ducerentur, reperiretur, reperirentur, reciperetur, reciperentur. 5. Quis

dubitavit quin duxisset, duxissent, recepisset, recepissent, ductus esset, ducti essent.

170 **361** II

1. Ei, eis, mihi, nobis imperat ut eat, eant, eam, eamus, ferat, ferant, feram, feramus, feratur, ferantur, ferar, feramur. 2. Ei, eis, mihi, nobis imperabat ut iret, irent, irem, iremus, ferret, ferrent, ferrem, feremus, ferretur, ferrentur, ferrer, ferremur. 3. Non dubium est quin iverit, iverint, iverim, iverimus, turlerit, tulerint, tulerim, tulerimus, latus sit, lati sint, latus sim, lati simus. 4. Non dubium erat quin ivisset, ivissent, ivissem, ivissemus, tulisset, tulissent, tulissem, tulissemus, latus esset, lati essent, latus essem, lati essemus.

170 **362** II

1. Legati senatum orant ut ad regnum suum auxilium ferat. 2. Legatus senatum oravit ut ad regem suum auxilium adferret. 3. Nemo dubitat quin fortis sit Hannibal. 4. Nemo dubitabat quin Hannibal fortiter pugnavisset. 5. Hoc fecerunt ut hostes circumvenirent. 6. Hoc faciunt ut hostes circumveniant. 7. Scipio uxorem orat ne corpus suum Romam portet. 8. Scipio uxorem oravit ne corpus suum Romam portaret. 9. Evenit ut miles vulnerum capiti acciperet. 10. In colle milites subducemus ut belli fortunam conemur (experiamur).

172 **365** II

1. Equus filio a patre datus est quem equitaret. 2. Pater quidam Romam nuntium misit qui filium adloqueretur (ut filium adloqueretur). 3. Pater quidam Romam nuntium mittit qui filium adloquatur (ut filium adloquatur). 4.

Romulus edicit ne quis murum suum transiliat. 5. Romulus edixit ne quis murum suum transiliret. 6. Eos monebimus ne muros transiliant. 7. Romulus nuntios missit qui (ut) finitimos ad ludos suos invitarent. 8. Pater filio equum dabit quem equitet. 9. Quis dubitat quin pater benignus filio libros det? 10 Nemo dubitavit quin pater filio multa dedisset.

174 **370** II

1. Puer adeo agit (se gerit) ut ab omnibus ametur. 2. Adeo egerunt ut amarentur ab omnibus. 3. Adeo aget ut ab omnibus ametur. 4. Adeo egit ut ab omnibus ametur. 5. Non dubitabunt quin venerimus. 6. Non dubitaverant quin venissemus. 7. Timeo ut valeas (ne non valeas). 8. Timebam ut valeres (ne tu non valeres). 9. Timeo ne aeger sis. 10. Timebam ne aeger fuisses. 11. Hostes tam acriter pugnant ut nemo supersit. 12. Tam acriter pugnaverunt ut nemo superfuerit. 13. Siciliam proficiscemur ut hanc provinciam accipiamus.

176 **376** II

1. Alius (unus) cum coepisset alii (ceteri) (tacuerunt) tacebant. 2. Pyrrhus cum Romanorum fortitudinem vidisset haec (verba) dixit. 3. Cum Romanorum fortitudinem viderit manus ad caelum tollit. 4. Cum nox appropinquet discedemus. 5. Amici nostri cum venissent (ad) Boston ivimus. 6. Amici nostri cum venissent (ad) Boston ivimus. 7. Nemo Caesarem cum (is) navem conscenderet agnovit. 8. Caesar cum solus esset non est agnitus. 9. Ei cum fabulam enarrem subito (improviso) cachinnavit. 10. Cum prudentiam haberent non cuncti summus.

1. Videt quis ambulet, ambulaverit. 2. Vident qui ambulent, ambulaverint. 3. Videbimus qui ambulent, ambulaverint. 4. Sciebamus cur (quare, quam ob rem) cachinnaret, cachinnavisset. 5. Sciebas cur (quare) cachinnarem, cachinnavissem. 6. Mirabantur cur laudaretur, laudatus esset. 7. Mirabuntur cur lauder, laudatus sim. 8. Nonne miraris (miramini) cur laudemur, laudi simus? 9. Miror num monitus esset, moneatur. 10. Mirabantur num moneremur, moniti essemus.

1. Utinam hodie in agris tecum ambularem. 2. Utinam heri mecum ambulavisses. 3. Utinam cras in agris nobiscum ambules. 4. Si victoriam certam videris, mi amice, nonne pugnes? 5. Nunc non proficiscerer nisi Caesar mihi imperaret. 6. Si recte ageres laudareris. 7. Si recte egisses laudatus esses. 8. Utinam recte agas ut lauderis. 9. Si leonem viderimus fugiemus. 10. Utinam leonem immanem vidissem. 11. Frater si viveret nunc classi praeesset. 12. Utinam frater tuus viveret.

1. Ne nuntiam miserint. 2. Ne quis partem quartam tangat. 3. Ne praedi partem quartam tetigeris. (Noli tegere praedi partem quartam) 4. Audiant diligenter discipuli magistri verba. 5. Nolite audire, pueri, malorum concilia. (Ne audiveritis pueri, malorum concilia) 6. Cottidie scribe ad parentes quid facias. 7. Porta tecum libros domum ac stude diligenter. 8. Noli oblivisci id quod hodie tibi dictum est. (Ne obliviscaris id quod hodie tibi dictum est) (Ne

obliviscaris quid hodie tibi dictum sit) 9. Noli tangere vinum. (Ne tangas vinum) Ne tangamus vinum. Ne tetigerint vinum. 10.Egrediamur ac nobiscum omnia nostra portemus (auferamus).

188 **397** II

1. Pyrrhus corrupere Fabricium voluit. 2. Fabricius ab honestate non poterat averti. 3. Cur coepis flere? 4. Scivitne Hannibal quomodo (quem ad modum) vinceret? 5. Fertur Tarquinium Romam obsedisse. 6. Romam dicitur obsessam esse. 7. Videre est credere. 8. Consul est iussus pontem rescindere. 9. Pontem fertur rescissum esse. 10. Gratum est pro amicis vivere. 11. Pontem in animo habemus rescindere. 12. Dicitur eum ex Italia discessisse.

191 **404** II

1. Corneliam dicitur duos filios habuisse. 2. Nonne audivimus Corneliam ornamenta habuisse? 3. Puto te ornamenta habiturum esse. 4. Scimus Corneliam filios suos amavisse. 5. Nonne matres omnes putant filios suos ornamenta esse? 6. Puto (opinor) lunam cras fore (futuram esse) plenam. 7. Historia narrat (traditum est) Hannibalem a Marco vinctum esse. 8. Fertur (narratum est) Homerum poemata scripsisse. 9. Scio hoc esse factum. 10. Dixit hostes montem tenere.

192 **405** II

1. Ennius negat se domi esse. 2. Negat se domi fuisse. 3. Putat se cras domi fore (futurum esse). 4. Cato putabat amicos suos sibi vera non semper dicere. 5. Constat

(manifestum est) mundum casu non factum esse. 6. Iuravimus nos ducem nostri non deserturos esse. 7. Milites iuraverunt se rem publicam non deseruisse. 8. Constitit (apparuit) hostes vinci. 9. Nonne scis (nescisne) hostes adesse? 10. Certum est illos ad oppidum (oppido) adpropinquare.

195 **410** II

1. Romulus in murum irrisum Remum necavit. 2. Horatius sororem patriae oblitam a gladio transfixit. 3. Latini legatis res repetitis superbe responderunt. 4. Galli domos patentes inierunt (ingressi sunt). 5. Lux Romanis ex angustis egredientibus erat tristior quam mors ipsa. 6. Senes ut Manilo Romam redienti obviam facerent egressi sunt. 7. Captivum vinctum in urbem reduxerunt. 8. Epistula a puero scripta est delata (reddita). 9. Romani saepe superati numquam desperaverunt (spem deiecerunt). 10. Caesar sedens Senatum cum venisset accepit.

199 **413** II

1. Gladium puella transfixa deposuit. 2. Brutus Collalinusque Tarquinio Rege expulso creati sunt consules. 3. Iani templum Numa regente aedificatum est. 4. Caesar Gallis superatis in Pompeio bellum gessit. 5. Cato mortuo non iam erat res publica. 6. His cognatis in hostes contendit. 7. Milites pilis coniectis hostium aciem perfregerunt. 8. Consul delectu facto ad exercitum statim proficiscitur. 9.Patria mea matris precibus usa iram meam superavisti. 10. Hoc facto tuti nos omnes erimus.

1. Nos bene vivere decet omnes. 2. Fortiter pugnabitur.
3. Secutum est ut hostes victi erint. 4. Eum ignaviae sui
puduit. 5. Me hominum stultitiae piget. 6. Quid nos facere
oportet? 7. Quid nos facere oportuit? 8. Licetne mihi
librum capere? 9. Caesari nuntium est hostes
appropinquare. 10. His rebus fiebat ut omnes tacerent. 11.
Ventis vix (aegre) obsistitur. 12. Potestne militi parcere?
13. Nonne Rei Publicae legibus paretur?

1. Non dubium est quin futurus sis vir. 2. Non dubito quin
ludos visurus sis. 3. Noli dubitare (ne dubites) quin
adfuturus sit. 4. Scisne quid facturus sit? 5. Nos virtutem
colere oportet. Nobis virtus colenda est. 6. Signum dare me
oportet. Signum mihi dandum est. 7. Poetas legere nos
oportet. Poetae nobis legendae sunt. 8. Imperatori parere
oportet. Imperatori parendum est. 9. Puero non est
credendum. 10. Oppidum fuit muniendum.

1. Interrogabo imperatorem num processurus sit. 2. Quis
dubitat quin Romani Fuliscis dedituri sint? 3. Nisi verba
defecissent maiorem epistulam scripturus essem. 4.. Puto
hostes victum iri. (Puto fore ut hostes vincantur) 5. Caesar
Romam (iamiam) profecturus epistulam a Pompeio accepit.
6. Hoc censeo oppidum esse obsidendum. 7. Haec nobis
non sunt contemnenda. 8. Sapiens curabit filios litteratis
Latinis erudiendos. 9. Legibus a civibus parendum est. 10.
Militibus iudicium suum (cuique) utendum est.

1. Spatium temporis habebis exercitus educendi ex illo loco.
2. Bellum suscepit rei publicae defendendae causa.   3.
Alentur corpora edendo bibendoque. 4. Inter bibendum de
multa colloquebamur. 5. Multi duces convenerant ad
Scipionem videndum. Multi duces convenerant ut
Scipionem viderent. Multi duces Scipionem visum
convenerant. 6. Nox pugnandi finem fecit. 7. Hic locus
aedificando domu (domo) opportunus videtur. 8. Hostes in
spem castorum potiendi (castris potiendi) venerant.   9.
Multi (permulti) convenerunt ut ludos spectarent. (ad ludos
spectandos, spectatum ludos). 10. Difficile est quid facturus
sit dicere.

ADDITIONAL NOTES

100 **227** II *Lusciniae vocem dulcem audire* **gratissimum** *est.* In Latin the infinitive of the verb is a neuter singular noun.

172 **365** II *Romulus edicit ne* **quis** *murum suum transiliat.* After "ne" *anyone* is "quis". "Quisquam" is only used after "non".

173 **369** Verbs of fearing with their clauses were originally two seperate statements. Thus, "I am afraid to see" was "I am afraid. May I not see". The second statement has the form of a wish that something may *not* happen, which is "ne videam" in Latin. Thus "I am afraid to see" in Latin is "Timeo ne videam". Over time "ne" was felt to be a conjunction and "non" was used to negate it. For this reason "Timeo ne non videam" is more common in prose that "Timeo ut videam". As in English, a verb of fearing may have a verb or noun as object. Timeo ire. Timeo lupos.

175 **373** Cum temporal clauses developed in Latin in order to help compensate for the lack of an perfect past participle, *see* 198 **412** note 6. The subjective is often used with Cum Temporal because events in the past are often felt to be to be connected by causality or intention. If the connexion is purely one of time then the indicative can be used, however this is rarely found.

178 **379** For indirect questions "quare" or "quam ob rem" is more often used than "cur". Instead of "quomodo" "quem ad modum" is more usual. Note well, "when" in any form of question is always "quando".

Printed by Amazon Italia Logistica S.r.l.
Torrazza Piemonte (TO), Italy

16761991R00023